Género Biografía

Pregunta esencial
¿Quiénes nos inspiran?

Rudy Garcia-Tolson

Ann Weil

Capítulo 1

¿Quién es Rudy?

Jason Dewey Photography

Rudy Garcia-Tolson nació con una discapacidad física. Tenía problemas en la boca, las manos y los pies. Le era difícil caminar.

Ahora Rudy ya es mayor. Se ha convertido en un gran nadador y un héroe para mucha gente.

Rudy quería caminar y jugar como los demás niños. Los médicos solo pudieron resolver algunos de sus problemas.

Los médicos le dijeron que podían darle piernas nuevas, pero primero deberían quitarle las suyas. La familia acordó realizar la operación.

Los médicos ayudan a la gente.

Cuando Rudy cumplió cinco años, le quitaron las piernas. Luego, los médicos le colocaron piernas nuevas. Eran fuertes y estaban hechas de plástico y metal. ¡Rudy ya podía caminar y correr!

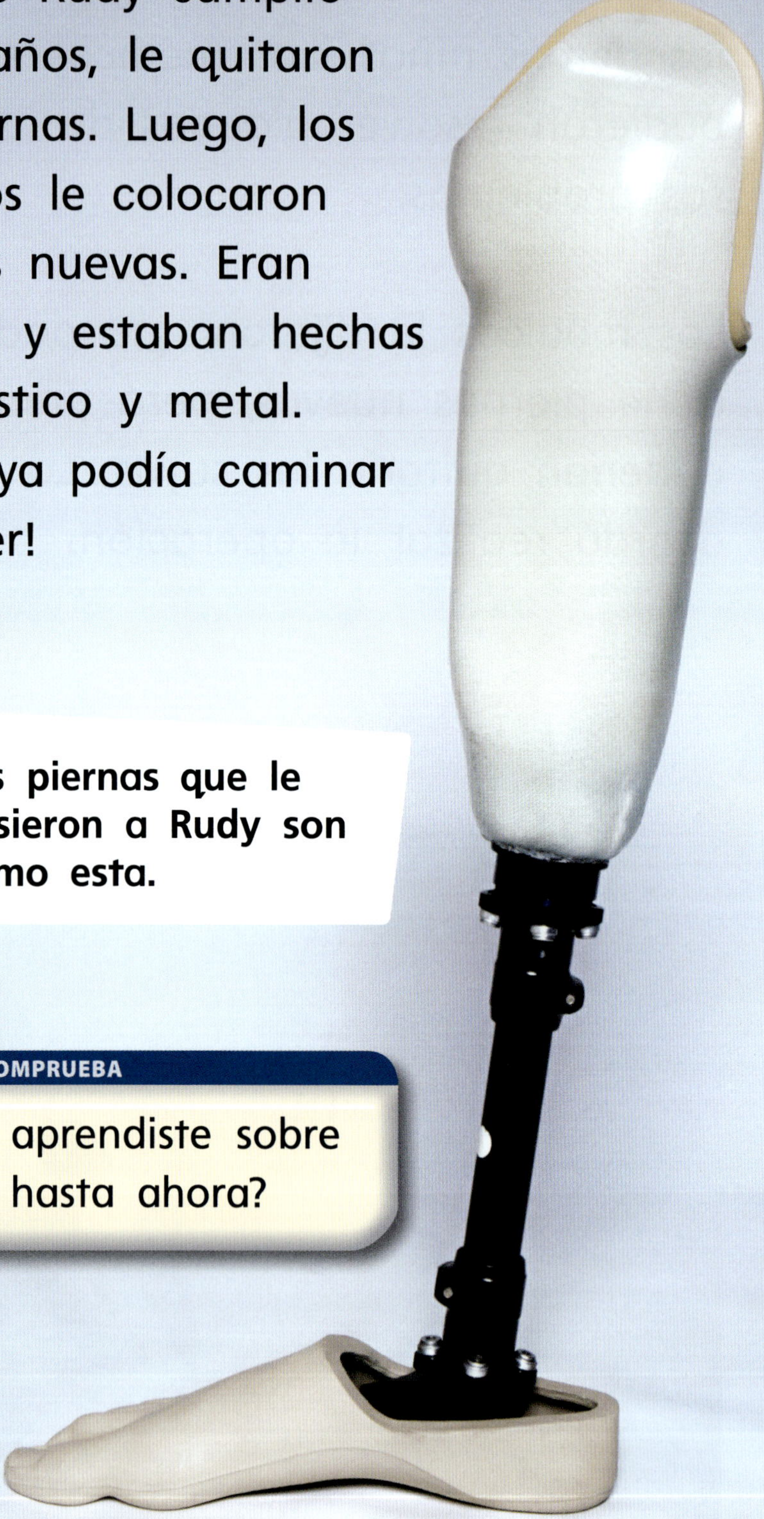

Las piernas que le pusieron a Rudy son como esta.

AHORA COMPRUEBA

¿Qué aprendiste sobre Rudy hasta ahora?

Capítulo 2 ¿Qué podía hacer Rudy?

Rudy pudo hacer muchas cosas gracias a sus nuevas piernas.

Rudy practicó deportes y aprendió a nadar. Descubrió un nuevo interés. Quería demostrar que podía hacer las mismas cosas que los demás. Esto convirtió a Rudy en un héroe.

Terry Martin/Rudy Garcia-Tolson

A Rudy le encantaba nadar. Podía hacerlo sin las nuevas piernas. Comenzó a descubrir su talento. Se entrenó y nadó más rápido que otras personas.

Rudy ganó muchas carreras. ¡Los otros no podían alcanzarlo!

Rudy participó en triatlones. En un triatlón, los atletas nadan. Luego, andan en bicicleta. Por último, corren. Rudy usó un par de piernas para la bicicleta y un par diferente para correr. Fue el atleta sin piernas más joven en completar un triatlón. Es uno de los mejores recuerdos suyos.

Detective del lenguaje	¿Encuentras algún pronombre posesivo en la oración subrayada?

Rudy usa piernas especiales para cada deporte.

Rudy nadó en los Juegos Paralímpicos. Ganó medallas y marcó récords mundiales. Hoy sigue batiendo récords.

AHORA COMPRUEBA

¿Qué aprendiste sobre Rudy en este capítulo?

Capítulo 3 ¿Cómo es su vida ahora?

Rudy vive y se entrena en el Complejo Olímpico de EE. UU.

Rudy vive en un centro de entrenamiento. Nada y se entrena para mejorar. Pasa tiempo con otros atletas. Come comida saludable. Rudy se cuida para poder alcanzar sus metas.

Además, Rudy trabaja con médicos, quienes estudian modos de fabricar mejores piernas.

Andre Jenny/Alamy Stock Photo

Rudy participó en *Ironman*, un triatlón difícil. Es una carrera intensa, pero Rudy pudo completarla. Rudy demostró que aun sin piernas, se puede ser un gran atleta.

Rudy se pone las piernas para andar en bicicleta.

En 2012, Rudy se entrenó para los Juegos Paralímpicos de Londres, Inglaterra. Esperaba batir récords y ganar una medalla.

Rudy ganó una medalla de oro en los Juegos Paralímpicos de 2008 en China.

AHORA COMPRUEBA

¿Cómo se cuida Rudy en el centro de entrenamiento?

Capítulo 4

¿Por qué es un héroe?

Rudy es un héroe para muchos niños.

Un héroe ayuda a los demás. Algunos rescatan gente, como los bomberos. Rudy es un héroe diferente. Él inspira a los demás. Les demuestra que si se trabaja duro, es posible superar barreras y tener éxito como el suyo.

Rudy visita ciudades y comparte su historia con los demás. Le cuenta su vida a la gente. Rudy tiene un lema. Un lema es una frase que inspira a las personas. Su lema es: "Un corazón valiente es un arma poderosa". Significa que si no tienes miedo, puedes hacer todo lo que quieras.

El éxito de Rudy inspira a otros a dar lo mejor.

Detective del lenguaje	Busca un pronombre posesivo en la oración subrayada de la página 12.

Rudy Garcia-Tolson

La vida de un héroe

1988 Rudy nació el 14 de septiembre.

1999 A los 10 años, completó un triatlón.

1985 • • • • 1990 • • • • 1995 • • • • 2000 • • • •

1993 A Rudy le quitaron ambas piernas.

2003 Una revista dijo que Rudy era un adolescente que cambiaría el mundo.

2004 A los 16, ganó una medalla de oro en los Juegos Paralímpicos en Grecia. Batió un récord mundial.

2016 Rudy participó por cuarta vez en los Juegos Paralímpicos, en Brasil.

2005 • • • • 2010 • • • • 2015 • • • • 2020

2007 Se mudó al Centro de Entrenamiento Olímpico.

2008 Ganó medallas de oro y bronce en los Juegos Paralímpicos de China.

2011 Se unió al equipo de EE. UU. en el Campeonato Pan-Pacífico de Natación Adaptada.

AHORA COMPRUEBA

¿Cómo inspira Rudy a la gente?

Respuesta a la lectura

Resumir

Usa detalles para resumir *Rudy Garcia-Tolson.*

Primero
Después
Luego
Al final

Evidencia en el texto

1. ¿Cómo sabes que *Rudy Garcia-Tolson* es una biografía? **Género**
2. ¿Qué pasó cuando Rudy cumplió 5 años? **Secuencia**
3. Deduce el significado de *saludable* en la página 9. Usa un sinónimo. **Sinónimos**
4. Escribe sobre qué hizo Rudy a los 16 años. **Escribir sobre la lectura**

Género **Biografía**

Compara los textos

Lee sobre una heroína.

Molly Brown, siempre a flote

Existe una historia sobre una heroína llamada Molly Brown. La historia se basa en una persona real llamada Margaret Brown.

En 1912, Margaret viajó en un barco llamado *Titanic,* que se hundió en el mar. Murieron unas 1,500 personas. Solo sobrevivieron unas 700.

Maggie Brown vivió de 1867 a 1932.

En acción

Margaret logró subir a un bote salvavidas. Otros no tuvieron la misma suerte. El bote comenzó a alejarse. Margaret actuó con honor: hizo que el bote volviera. Quería ayudar a otras personas que estaban en el agua.

Un gran barco rescató el bote de Margaret. Ella estaba a salvo.

El *Titanic* se hundió en 1912.

La leyenda

A Margaret todos la llamaban Maggie. Se escribió un musical sobre ella. En el musical, hay cosas que ocurrieron de verdad; otras son inventadas. El escritor pensó que *Molly* sonaba mejor que *Margaret*. Por eso, el musical se llamó *Molly Brown, siempre a flote*.

Algunas cosas que se cuentan en los espectáculos sobre gente real, no ocurrieron de verdad.

Haz conexiones

¿Por qué Margaret Brown es una heroína? **Pregunta esencial**

¿En qué se parece Margaret a Rudy? **El texto y otros textos**

Enfoque:

Estudios Sociales

Propósito Identificar un héroe o una heroína

Paso a paso

Paso 1 Haz un cartel con el título "Mi héroe" o "Mi heroína".

Paso 2 Escribe el nombre de tu héroe o heroína arriba de todo.

Paso 3 Haz dibujos de dos cosas que hizo esa persona para que fuese tu héroe o heroína.

Paso 4 Comparte tu cartel con la clase.